GTB
Gütersloher Taschenbücher
920

Gott sei Dank, Charlie Braun

Von Charles M. Schulz

Gütersloher Verlagshaus

Ausgewählt, zusammengestellt und mit einem Nachwort versehen von Herbert A. Gornik

Die Deutsche Bibliothek – CIP-Einheitsaufnahme

Schulz, Charles M.:
Gott sei Dank, Charlie Braun / von Charles M. Schulz.
[Ausgew., zsgest. und mit einem Nachw. vers. von Herbert A. Gornik]. – 4. Aufl. – Gütersloh: Gütersloher Verl.-Haus, 1997
(Gütersloher Taschenbücher; 920)
ISBN 3-579-00920-6
NE: HST; GT

ISBN 3-579-00920-6
4. Auflage 1997

Umschlagentwurf: Dieter Rehder, Aachen,
unter Verwendung von Motiven von Charles M. Schulz
Gesamtherstellung: Clausen & Bosse, Leck
Printed in Germany

PEANUTS
ICH HÖRE, DU SCHREIBST EIN THEOLOGISCHES BUCH... ODER?
ICH HOFFE, DU HAST EINEN GUTEN TITEL...
8-9
ICH HABE EINEN PERFEKTEN TITEL...
Tm. Reg. U.S. Pat. Off.—All rights reserved
© 1976 by United Feature Syndicate, Inc.
„Kam dir je der Gedanke, daß du irren könntest?"
SCHULZ

PEANUTS
Der Hund und die Theologie
Tm Reg U S Pat Off - All rights reserved © 1976 by United Feature Syndicate Inc
„WIE SCHON DER PREDIGER SALOMO IM NEUNTEN KAPITEL SAGT:, EIN LEBENDIGER HUND IST BESSER ALS EIN TOTER LÖWE!"
8-10
WAS SOLL **DAS** DENN HEISSEN?
ICH WEISS NICHT, ABER ICH STIMME DEM ZU!
SCHULZ

PEANUTS
WEISST DU WAS ?
ZU DEINEM ABENDESSEN BRINGE ICH DIR EIN ZITAT AUS DEM BUCH JESAJA...
WIE NETT!
„HUNDE HABEN EINEN MÄCHTIGEN APPETIT... SIE BEKOMMEN NIE GENUG"
8-11
WAS WEISS EIN KELLNER SCHON VON THEOLOGIE!
SCHULZ
Tm. Reg. U.S. Pat. Off.—All rights reserved © 1976 by United Feature Syndicate, Inc

PEANUTS
HIER IST EINE THEOLOGISCHE FRAGE AN DICH...
MACHT ES DIR NICHTS AUS, DASS DIE BIBEL NICHT GERADE GUT VON HUNDEN SPRICHT?
8-12
KLAR, MACHT ES MIR WAS...
Tm Reg U S Pat Off — All rights reserved © 1976 by United Feature Syndicate Inc
ABER ICH HÄNG' MIR DEN MAULKORB NICHT UM!
SCHULZ

PEANUTS
WIE KANNST DU ÜBER THEOLOGIE SCHREIBEN? DU WARST JA NOCH NIE IN EINER KIRCHE!
IM GEGENTEIL! ALS ICH AUF DER GÄNSEBLÜMCHEN-HÜGEL-FARM WAR, GINGEN WIR JEDEN MORGEN IN DIE KAPELLE!
8-13
ICH GEHÖRTE ZUM VIERZIGER-BEAGLE-CHOR... NA?
VERGISS ALLES BISHER GEHÖRTE! NICHTS IST ÜBERWÄLTIGENDER ALS „EIN FESTE BURG" VON VIERZIG BEAGLES GESUNGEN!
Tm Reg U S Pat Off – All rights reserved
© 1976 by United Syndicate Inc.

PEANUTS
DU WIRST NIE EIN GUTER THEOLO-GE...
DU BIST ZU DOGMATISCH!
HAHAHAHA!
8-14
BONK!
ICH HASSE SCHERZE DIESER ART!
Tm. Reg. U.S. Pat. Off.—All rights reserved © 1976 by United Feature Syndicate, Inc
SCHULZ

IHR HUNDE WISST NICHTS VON BIBEL-VERSEN!
IHR KENNT NICHTS VON GNADE ODER TAUFE ODER MOSES ODER SONSTWAS...
DAS STIMMT...
THEOLOGISCH SIND WIR AUS DEM SCHNEIDER!
SCHULZ

DU WIRST HALT EIN BISSCHEN NASS....
SCHAU NICHT SO DEPRIMIERT
BEDENKE, ES REGNET AUF DIE GERECHTEN UND UNGERECHTEN!
ABER WARUM AUF UNS DAZWISCHEN?
4-14
SCHULZ
Tm. Reg. U.S. Pat. Off.—All rights reserved © 1970 by United Feature Syndicate, Inc.

UNSERE SCHULE MACHT EINE WEIHNACHTS-FEIER...
ICH HABE DICH VORGESCHLAGEN ALS SÄNGER VON "O TANNENBAUM"...
DU HAST WAS?!?
ICH KANN NICHT SINGEN! DU WEISST DAS! ICH KANN'S NICHT!
LERN'S!
SCHULZ
LUZIE HAT MICH ALS SÄNGER FÜRS SCHULFEST VORGESCHLAGEN...
ICH KANN ABER GAR NICHT SINGEN...ICH KONNTE ES NOCH NIE...AU WEIA....
KEINE SORGE...IM 98. PSALM STEHT: "SINGET DEM HERRN EIN NEUES LIED..."
"O TANNENBAUM" IST ABER URALT!!!
SCHULZ

* Jüdisches Lichterfest im Dezember

ICH HALT'S NICHT AUS!

HALLO, CHARLIE BRAUN...
KOMM HEREIN...

SIEHST DU? GENAU WIE ICH ES DIR GESAGT HABE...

SCHAU DIR ALL DIES ZEUG AN... EIN FAHRRAD, SPIELE, ANZIEHSACHEN...

NOCH MEHR SPIELZEUG, BONBONS, BÜCHER, EIN TRANSISTORRADIO...

DAS IST FURCHTBAR! DAS IST MEIN SCHLIMMSTES WEIHNACHTEN!

WIE SOLL ICH JE EIN MANN VON CHARAKTER WERDEN?

ICH BEKOMME IMMER ALLES, WAS ICH MIR WÜNSCHE!
SCHULZ

LIEBER WEIHNACHTSMANN,
WIE GEHT ES DIR ?

GLAUBE BITTE NICHT, DASS ICH DIR SCHREIBE, WEIL ICH MIR ETWAS WÜNSCHE.
ICH WÜNSCHE MIR NÄMLICH NICHTS. DAS LIEGT MIR FERN.

WENN DU DIESMAL UNSER HAUS AUSLASSEN WILLST, GEH RUHIG WEITER. ICH BIN NICHT BELEIDIGT. EHRLICH NICHT!
VERSCHWENDE DEINE ZEIT NICHT MIT MIR ... ICH MEINE ES WIRKLICH SO!

WAS UM ALLES IN DER WELT IST DAS FÜR EIN MISTBRIEF?
ICH HOFFE, DASS IHM MEINE EINSTELLUNG BESONDERS IMPONIERT!
SCHULZ

BIST DU SO WEIT?
JA....

»LIEBER WEIHNACHTSMANN«, NEIN BESSER »LIEBER HERR WEIHNACHTSMANN«
DAS IST ZU FÖRMLICH...

GUT, WIE IST'S MIT »LIEBSTER WEIHNACHTSMANN«?
WIE WÄR'S MIT »LIEBES ALTERCHEN«?

SEI NICHT ALBERN... SCHREIB, WAS ICH DIR SAGE...

»LIEBSTER WEIHNACHTS-MANN, ICH WAR DAS GANZE JAHR ÜBER ARTIG...
ARTIG ?!

PENG!

HIER IST EINE STELLE FREI FÜR EINEN NEUEN SEKRETÄR... HAT JEMAND INTERESSE?
LASS GUT SEIN...

Die Heuchler

DU KLOTZKOPF!
WER IST EIN KLOTZKOPF?!?
HÖRT MAL! ES IST SCHLIMM GENUG, DASS IHR EUCH JEDEN TAG ZANKT...

...ABER HABT IHR MAL ÜBERLEGT, WAS DER WEIHNACHTSMANN VON EUCH DENKT, WENN IHR EUCH KURZ VOR DEM FEST SO BENEHMT?

LIEBER BRUDER!!
LIEBE SCHWESTER!
SCHULZ

MIR IST JETZT ETWAS KLAR GEWORDEN.

ICH HAB'S VORHER NICHT GEWUSST, ABER LUZIE WOLLTE NICHT, DASS ICH GEBOREN WURDE...... SIE WOLLTE EINE SCHWESTER......

NUN, MEINE TANTE MARIA SAGT IMMER: "MAN KANN SEINE FREUNDE AUSSUCHEN, ABER NICHT SEINE VERWANDTEN."

DEINE TANTE MARIA IST WUNDERBAR WEISE!

Der Sinn des Lebens

WENN DIE SONNE SCHEINT, KANNST DU IN DEINEM AUTO HERUMFAHREN UND BIST GLÜCKLICH... WENN ES REGNET, IST DIR DER TAG NICHT VERDORBEN, DANN KANNST DU SAGEN: "NUN GUT, DER REGEN WIRD DEN SEE AUFFÜLLEN!"

WAS GLAUBST DU, IST DER SINN DES LEBENS, SNOOPY?

SCHMATZ!

EIN KABRIOLETT UND EIN SEE... MIT DIR KOMM ICH NICHT KLAR, CHARLIE.
WENN DER SEE AUSTROCKNET, KANNST DU SAGEN: "NUN GUT, ES IST SCHÖNES WETTER, UM KABRIOLETT ZU FAHREN..."
SCHULZ

ICH HABE NICHT HALB SOVIEL GLÜCK WIE DIE ANDEREN... NICHTS KLAPPT BEI MIR!
UND DU SPRICHST VOM GUTEN IN MEINEM LEBEN! DU SPRICHST VON DANKBARKEIT! WOFÜR SOLL ICH DANKBAR SEIN?
ZUMINDEST FÜR EINS! DU HAST EINEN KLEINEN BRUDER, DER DICH LIEBHAT...

BUÄÄH!
AB UND ZU SAGE ICH JA DOCH WAS RICHTIGES...
SCHULZ

STOP, IHR ZWEI! HÖRT SOFORT AUF ZU KÄMPFEN!

SCHLAPP
SCHLAPP
SCHLAPP
WER KÄMPFT ?!? ICH KAPITULIERE!

ICH HABE GESAGT, ICH GEB'S AUF! SCHLUSS! ICH KAPITULIERE!

ICH SAGTE, ICH KAPITULIERE!

SCHÄMT EUCH BEIDE!

ZANKT EUCH WIE ZWEI FLEGEL! WAS WAR LOS?

ER STAND MIR IM WEGE!

DAS SCHWERSTE VERBRECHEN...
SCHULZ

Der sterbende Freund

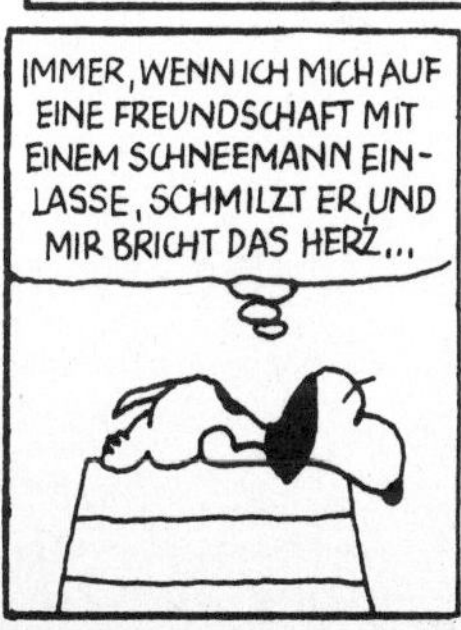

WARUM SIND WIR AUF DER WELT, CHARLIE BRAUN?
UM ANDERE GLÜCKLICH ZU MACHEN!
ICH GLAUBE NICHT, DASS ICH IRGENDWEN SEHR GLÜCKLICH MACHE
ALLERDINGS MACHT AUCH MICH NIEMAND SEHR GLÜCKLICH...

IRGENDWER TUT DA SEINE PFLICHT NICHT!!

CHARLIE BRAUN SAGT, WIR SEIEN AUF DER ERDE, UM *ANDERE* GLÜCKLICH ZU MACHEN!

SIND WIR *DESHALB* HIER?

DANN MUSS ICH MIR AB SOFORT ETWAS MEHR MÜHE GEBEN...

ICH MÖCHTE NICHT ZURÜCKGESCHICKT WERDEN!

WENN DIE SONNE SCHEINT, KANNST DU IN
DEINEM AUTO HERUMFAHREN UND BIST
GLÜCKLICH...WENN ES REGNET, IST DIR DER
TAG NICHT VERDORBEN, DANN KANNST DU
SAGEN: "NUN GUT, DER REGEN WIRD DEN
SEE AUFFÜLLEN!"

WAS GLAUBST DU,
IST DER SINN DES
LEBENS, SNOOPY?

SCHMATZ!

EIN KABRIOLETT UND
EIN SEE...MIT DIR KOMM
ICH NICHT KLAR, CHARLIE.
WENN DER SEE AUS-
TROCKNET, KANNST
DU SAGEN: "NUN GUT,
ES IST SCHÖNES
WETTER, UM
KABRIOLETT ZU
FAHREN..."
SCHULZ

STOP, IHR ZWEI! HÖRT SOFORT AUF ZU KÄMPFEN!

SCHLAPP
SCHLAPP
SCHLAPP
WER KÄMPFT ?!? ICH KAPITULIERE!

ICH HABE GESAGT, ICH GEB'S AUF! SCHLUSS! ICH KAPITULIERE!

ICH SAGTE, ICH KAPITULIERE!

SCHÄMT EUCH BEIDE!
ZANKT EUCH WIE ZWEI FLEGEL! WAS WAR LOS?
ER STAND MIR IM WEGE!
DAS SCHWERSTE VERBRECHEN...
SCHULZ

WENN ICH ACHTZEHN BIN, HAT DIE WELT PERFEKT ZU SEIN!
WARUM SOLL ICH IN EINER WELT LE BEN, DIE VON ANDEREN VERKORKST WURDE?!? ICH GEBE DENEN ZWÖLF JAHRE, UM ALLES IN ORDNUNG ZU BRINGEN!

UND WAS IST, WENN ES LÄNGER DAUERT?

DANN SAGE IHNEN, ES HAT KEINEN ZWECK, UM AUFSCHUB ZU BETTELN... MEINE ANTWORT IST "NEIN!"
SCHULZ

Der sterbende Freund

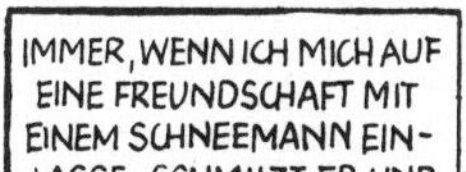

HMMM...

WAS WÜRDEST DU MACHEN, WENN ICH DEINEN SCHNEEMANN UMSTOSSE ?

NICHTS...WAS KÖNNTE ICH SCHON MACHEN ?

Die Heuchler

MIR IST
JETZT ETWAS
KLAR GEWORDEN.

ICH HAB'S VORHER NICHT GEWUSST,
ABER LUZIE WOLLTE NICHT, DASS
ICH GEBOREN WURDE......
SIE WOLLTE EINE SCHWESTER......

NUN, MEINE TANTE MARIA SAGT
IMMER: "MAN KANN SEINE
FREUNDE AUSSUCHEN, ABER
NICHT SEINE VERWANDTEN."

DEINE TANTE MARIA
IST WUNDERBAR WEISE!

WARUM SIND WIR AUF DER WELT, CHARLIE BRAUN?
UM ANDERE GLÜCKLICH ZU MACHEN!
ICH GLAUBE NICHT, DASS ICH IRGENDWEN SEHR GLÜCKLICH MACHE
ALLERDINGS MACHT AUCH MICH NIEMAND SEHR GLÜCKLICH...

IRGENDWER TUT DA SEINE PFLICHT NICHT!!

CHARLIE BRAUN SAGT, WIR SEIEN AUF DER ERDE, UM *ANDERE* GLÜCKLICH ZU MACHEN!

SIND WIR *DESHALB* HIER?

DANN MUSS ICH MIR AB SOFORT ETWAS MEHR MÜHE GEBEN...

ICH MÖCHTE NICHT ZURÜCKGESCHICKT WERDEN!

ICH FRAGE NACH DEM *SINN DES LEBENS* UND BEKOMME KEINE ANTWORT
ICH WILL RICHTIGE UND EHRLICHE ANTWORT!
NICHT 'NE MENGE *MEINUNGEN,* SONDERN...
DARF'S AUCH 'NE *HYPOTHESE* SEIN?

DAS LEBEN IST EIN MYSTERIUM, *CHARLIE BRAUN.* ICH SUCHE DIE ANTWORT!
SEID NETT ZUEINANDER, *NICHT RAUCHEN,* LÄCHELT, *ESST MASS-VOLL,* FAHRT VORSICHTIG, *GEHT PÜNKTLICH ZUR WAHL...*
VERMEIDET SONNENBRAND, *SCHICKT WEIHNACHTSPOST RECHTZEITIG,* LIEBE DEINEN NÄCHSTEN, *SEI HILFREICH UND GUT,* SCHAU VORWÄRTS...
HALT SCHÖN STILL, DAMIT ICH DIR FESTE EINS AUF DIE NASE KNALLEN KANN!

KAMPF! KAMPF!
LUZIE UND SNOOPY KÄMPFEN!
!
AU WEIA!
BLEIB STEH'N UND KÄMPFE WIE EIN MANN!!

STOP, IHR ZWEI! HÖRT SOFORT AUF ZU KÄMPFEN!

SCHLAPP
SCHLAPP
SCHLAPP
WER KÄMPFT ?!? ICH KAPITULIERE!

ICH HABE GESAGT, ICH GEB'S AUF! SCHLUSS! ICH KAPITULIERE!

ICH SAGTE, ICH KAPITULIERE!

WIR SIND BRUDER UND SCHWESTER UND LIEBEN UNS SEHR!

IHR SEID HEUCHLER!! GENAU DAS SEID IHR! GLAUBT IHR DENN, DER WEIHNACHTSMANN LIESSE SICH ZUM NARREN HALTEN?

WARUM NICHT? WIR SIND CLEVERE JUNGE LEUTE, UND ER IST NUR EIN NETTER ALTER MANN!

ICH WEINE UM UNSERE GENERATION!

CHARLIE BRAUN SAGT, WIR SEIEN AUF DER ERDE, UM *ANDERE* GLÜCKLICH ZU MACHEN!

SIND WIR *DESHALB* HIER?

DANN MUSS ICH MIR AB SOFORT ETWAS MEHR MÜHE GEBEN...

ICH MÖCHTE NICHT ZURÜCKGESCHICKT WERDEN!

WENN DIE SONNE SCHEINT, KANNST DU IN DEINEM AUTO HERUMFAHREN UND BIST GLÜCKLICH... WENN ES REGNET, IST DIR DER TAG NICHT VERDORBEN, DANN KANNST DU SAGEN: "NUN GUT, DER REGEN WIRD DEN SEE AUFFÜLLEN!"

WAS GLAUBST DU, IST DER SINN DES LEBENS, SNOOPY?

SCHMATZ!

EIN KABRIOLETT UND EIN SEE... MIT DIR KOMM ICH NICHT KLAR, CHARLIE.
WENN DER SEE AUSTROCKNET, KANNST DU SAGEN: "NUN GUT, ES IST SCHÖNES WETTER, UM KABRIOLETT ZU FAHREN..."
SCHULZ

STOP, IHR ZWEI! HÖRT SOFORT AUF ZU KÄMPFEN!

SCHLAPP
SCHLAPP
SCHLAPP
WER KÄMPFT ?!? ICH KAPITULIERE!

ICH HABE GESAGT, ICH GEB'S AUF! SCHLUSS! ICH KAPITULIERE!

ICH SAGTE, ICH KAPITULIERE!

SCHÄMT EUCH BEIDE!

ZANKT EUCH WIE ZWEI FLEGEL! WAS WAR LOS?

ER STAND MIR IM WEGE!

DAS SCHWERSTE VERBRECHEN...
SCHULZ

Der sterbende Freund

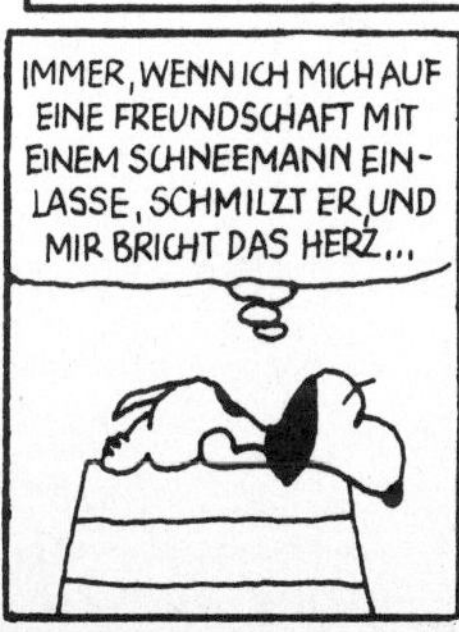

DU HASST MICH, NICHT WAHR?
DU MAGST MICH NICHT, WEIL DU EIN "EINZELKIND" SEIN WOLLTEST! ALS ICH GEBOREN WURDE, SIND DEINE WÜNSCHE GEPLATZT, STIMMT'S?!?
POP!
EIGENTLICH FÄNDE ICH ES AUCH GANZ NETT, EIN "EINZELKIND" ZU SEIN...
SCHULZ

MIR IST JETZT ETWAS KLAR GEWORDEN.

ICH HAB'S VORHER NICHT GEWUSST, ABER LUZIE WOLLTE NICHT, DASS ICH GEBOREN WURDE...... SIE WOLLTE EINE SCHWESTER......

NUN, MEINE TANTE MARIA SAGT IMMER: "MAN KANN SEINE FREUNDE AUSSUCHEN, ABER NICHT SEINE VERWANDTEN."

DEINE TANTE MARIA IST WUNDERBAR WEISE!

ICH FRAGE NACH DEM *SINN DES LEBENS* UND BEKOMME KEINE ANTWORT
ICH WILL RICHTIGE UND EHRLICHE ANTWORT!
NICHT 'NE MENGE *MEINUNGEN,* SONDERN...
DARF'S AUCH 'NE *HYPOTHESE* SEIN?

DAS LEBEN IST EIN MYSTERIUM, *CHARLIE BRAUN.* ICH SUCHE DIE ANTWORT!
SEID NETT ZUEINANDER, *NICHT RAUCHEN,* LÄCHELT, *ESST MASSVOLL,* FAHRT VORSICHTIG, *GEHT PÜNKTLICH ZUR WAHL...*
VERMEIDET SONNENBRAND, *SCHICKT WEIHNACHTSPOST RECHTZEITIG,* LIEBE DEINEN NÄCHSTEN, *SEI HILFREICH UND GUT,* SCHAU VORWÄRTS...
HALT SCHÖN STILL, DAMIT ICH DIR FESTE EINS AUF DIE NASE KNALLEN KANN!

WENN DIE SONNE SCHEINT, KANNST DU IN DEINEM AUTO HERUMFAHREN UND BIST GLÜCKLICH... WENN ES REGNET, IST DIR DER TAG NICHT VERDORBEN, DANN KANNST DU SAGEN: "NUN GUT, DER REGEN WIRD DEN SEE AUFFÜLLEN!"

WAS GLAUBST DU, IST DER SINN DES LEBENS, SNOOPY?

SCHMATZ!

EIN KABRIOLETT UND EIN SEE... MIT DIR KOMM ICH NICHT KLAR, CHARLIE.
WENN DER SEE AUSTROCKNET, KANNST DU SAGEN: "NUN GUT, ES IST SCHÖNES WETTER, UM KABRIOLETT ZU FAHREN..."
SCHULZ

STOP, IHR ZWEI! HÖRT SOFORT AUF ZU KÄMPFEN!

SCHLAPP
SCHLAPP
SCHLAPP
WER KÄMPFT ?!? ICH KAPITULIERE!

ICH HABE GESAGT, ICH GEB'S AUF! SCHLUSS! ICH KAPITULIERE!

ICH SAGTE, ICH KAPITULIERE!

SCHÄMT EUCH BEIDE!

ZANKT EUCH WIE ZWEI FLEGEL! WAS WAR LOS?

ER STAND MIR IM WEGE!

DAS SCHWERSTE VERBRECHEN...
SCHULZ

HMMM...

WAS WÜRDEST DU MACHEN, WENN ICH DEINEN SCHNEEMANN UMSTOSSE ?

NICHTS...WAS KÖNNTE **ICH** SCHON MACHEN ?

WARUM SIND WIR AUF DER WELT, CHARLIE BRAUN?
UM ANDERE GLÜCKLICH ZU MACHEN!
ICH GLAUBE NICHT, DASS ICH IRGENDWEN SEHR GLÜCKLICH MACHE
ALLERDINGS MACHT AUCH MICH NIEMAND SEHR GLÜCKLICH...

IRGENDWER TUT DA SEINE PFLICHT NICHT!!

ICH HABE NICHT HALB SOVIEL GLÜCK WIE DIE ANDEREN... NICHTS KLAPPT BEI MIR!
UND DU SPRICHST VOM GUTEN IN MEINEM LEBEN! DU SPRICHST VON DANKBARKEIT! WOFÜR SOLL **ICH** DANKBAR SEIN?
ZUMINDEST FÜR EINS! DU HAST EINEN KLEINEN BRUDER, DER DICH LIEBHAT...
BUÄÄH!
AB UND ZU SAGE ICH JA DOCH WAS RICHTIGES...
SCHULZ

STOP, IHR ZWEI! HÖRT SOFORT AUF ZU KÄMPFEN!

SCHLAPP
SCHLAPP
SCHLAPP
WER KÄMPFT ?!? ICH KAPITULIERE!

ICH HABE GESAGT, ICH GEB'S AUF! SCHLUSS! ICH KAPITULIERE!

ICH SAGTE, ICH KAPITULIERE!

MIR IST
JETZT ETWAS
KLAR GEWORDEN.

ICH HAB'S VORHER NICHT GEWUSST,
ABER LUZIE WOLLTE NICHT, DASS
ICH GEBOREN WURDE......
SIE WOLLTE EINE SCHWESTER......

NUN, MEINE TANTE MARIA SAGT
IMMER: "MAN KANN SEINE
FREUNDE AUSSUCHEN, ABER
NICHT SEINE VERWANDTEN."

DEINE TANTE MARIA
IST WUNDERBAR WEISE!

ICH BIN SAUER!
ICH HASSE DIE GANZE WELT!
MIR DARF HEUTE NIEMAND IN DIE QUERE KOMMEN!
SIE DREHT MICH DURCH DEN WOLF... ABER DER REIZ IST ZU GROSS...
SCHULZ

SCHLAPP
SCHLAPP
SCHLAPP
SCHLAPP
ZISCH!
SCHLAPP
SCHLAPP
SCHLAPP
WAS FÜR EIN BLÖDER KAMPF-STIL IST DAS?!?
SCHULZ

STOP, IHR ZWEI! HÖRT SOFORT AUF ZU KÄMPFEN!

SCHLAPP
SCHLAPP
SCHLAPP
WER KÄMPFT ?!? ICH KAPITULIERE!

ICH HABE GESAGT, ICH GEB'S AUF! SCHLUSS! ICH KAPITULIERE!

ICH SAGTE, ICH KAPITULIERE!

WENN ICH ACHTZEHN BIN, HAT DIE WELT PERFEKT ZU SEIN!

WARUM SOLL ICH IN EINER WELT LEBEN, DIE VON ANDEREN VERKORKST WURDE?!? ICH GEBE DENEN ZWÖLF JAHRE, UM ALLES IN ORDNUNG ZU BRINGEN!

UND WAS IST, WENN ES LÄNGER DAUERT?

DANN SAGE IHNEN, ES HAT KEINEN ZWECK, UM AUFSCHUB ZU BETTELN... MEINE ANTWORT IST "NEIN!"
SCHULZ

Der sterbende Freund

Die Heuchler

LUZIE, ICH FINDE DEN STÄNDIGEN ZANK ZWISCHEN DIR UND LINUS GRÄSSLICH!
SEID DOCH FROH, DASS IHR EUCH HABT! BRÜDER UND SCHWESTERN SOLLTEN SICH VERTRAGEN!
DU HAST RECHT, CHARLIE BRAUN! DEINE WORTE HABEN MICH BEKEHRT!
NUN, DAS FREUT MICH...
HAHAHAHA
LINUS, ICH HABE ZU LUZIE GESAGT, DASS IHR EUCH BESSER VERTRAGEN SOLLTET...
WAS SAGTE SIE DAZU?
SIE HAT MIR INS GESICHT GELACHT!
DAS TUT MIR LEID, CHARLIE BRAUN... EHRLICH!
ES MACHT NICHTS...
BEI MEINEM GESICHT IST ES GANZ NATÜRLICH, DASS DIE LEUTE EINFACH HINEINLACHEN!
SCHULZ

CHARLIE BRAUN MEINT, DASS BRÜDER UND SCHWESTERN SICH VERTRAGEN SOLLTEN...

ER SAGT, SIE SOLLTEN MITEINANDER AUSKOMMEN, SO WIE ES AUCH ERWACHSENE MENSCHEN TUN...

...ODER WIE NATIONEN UND VÖLKER...

HMM...ICH FÜRCHTE, AN DIESER STELLE BRICHT DIE ANALOGIE ZUSAMMEN!

DU KLOTZKOPF!
WER IST EIN KLOTZKOPF?!?
HÖRT MAL! ES IST SCHLIMM GENUG, DASS IHR EUCH JEDEN TAG ZANKT...
...ABER HABT IHR MAL ÜBERLEGT, WAS DER WEIHNACHTSMANN VON EUCH DENKT, WENN IHR EUCH KURZ VOR DEM FEST SO BENEHMT?
LIEBER BRUDER!!
LIEBE SCHWESTER!
SCHULZ

WIR SIND BRUDER UND SCHWESTER UND LIEBEN UNS SEHR!
IHR SEID **HEUCHLER!!** GENAU DAS SEID IHR! GLAUBT IHR DENN, DER WEIHNACHTSMANN LIESSE SICH ZUM NARREN HALTEN?
WARUM NICHT? WIR SIND CLEVERE JUNGE LEUTE, UND ER IST NUR EIN NETTER ALTER MANN!

ICH WEINE UM UNSERE GENERATION!

WIE HAT DEINE MUTTER AUF DEIN SCHLECHTES ZEUGNIS REAGIERT?
NICHT SO GUT... SIE DROHT MIT *STRATEGISCHEM RÜCKZUG!*
WAS IST DENN *DAS*?
SIE MACHT NICHT MEHR MIT IM ELTERNBEIRAT UND WÄHLT AB SOFORT EINE ANDERE PARTEI!
SCHULZ

HAST DU DIE ENTTÄUSCHUNG DER ELTERN ÜBER DEIN ZEUGNIS BEMERKT?
NA, UND?! ICH HABE HALT EIN SCHLECHTES ZEUGNIS! DAVON STÜRZT DER HIMMEL NICHT EIN!
ODER DOCH?
SCHULZ

ICH GLAUBE,ES IST FALSCH, NEUE BABIES IN DIESE UNSICHERE WELT ZU SETZEN! DER ZEITPUNKT IST VERKEHRT!
WAS WILLST DU DENN MIT ALL DEN BABIES TUN, DIE FERTIG SIND, UM AUF DIE WELT ZU KOMMEN?
DU KANNST IHNEN DOCH NICHT SAGEN, SIE SOLLEN NOCH TAUSEND JAHRE WARTEN, ODER WOHL?
NEIN, DAS GEHT NICHT....
DEINE SCHWÄCHE IST, DASS DU SOLCHE SACHEN NICHT ZU ENDE DENKST!
DU HAST GLÜCK, CHARLIE BRAUN!
ICH WOLLTE IMMER EINE KLEINE SCHWESTER, UND WAS BEKAM ICH? HIER – DIESES BLÖDE DING!
DEFINIERE "BLÖDES DING"!
SCHULZ

MIR IST JETZT ETWAS KLAR GEWORDEN.
ICH HAB'S VORHER NICHT GEWUSST, ABER LUZIE WOLLTE NICHT, DASS ICH GEBOREN WURDE...... SIE WOLLTE EINE SCHWESTER......
NUN, MEINE TANTE MARIA SAGT IMMER: "MAN KANN SEINE FREUNDE AUSSUCHEN, ABER NICHT SEINE VERWANDTEN."
DEINE TANTE MARIA IST WUNDERBAR WEISE!

JETZT KOMMT ES HERAUS: DU WOLLTEST EINE SCHWESTER-KEINEN BRUDER!
AM LIEBSTEN MÖCHTE ICH DAVON-LAUFEN!!
WARUM TUST DU ES NICHT? UND NIMM DEINE BLÖDE SCHMUSEDECKE MIT!
WILLST DU MICH ETWA LOSWERDEN??
DAS IST ZUVIEL FÜR MICH..... ICH ERTRAG'S NICHT!
DIE EIGENE SCHWESTER WOLLTE NICHT, DASS MAN GEBOREN WURDE......
"NIE GEBOREN"..... WEIA! WEISST DU, WAS DAS BEDEUTET? DENK NUR MAL DARÜBER NACH......
HUCH, ALLEIN SCHON DIE THEOLOGISCHEN IMPLIKATIONEN SIND ERSCHÜTTERND!
SCHULZ

KEINER LIEBT MICH!
KEINER LIEBT MICH **WIRKLICH!**
ALLES WAS ICH BRAUCHTE, UM GLÜCKLICH ZU SEIN, WÄRE JEMAND, DER SAGTE, DASS ER MICH LIEBT...
BIST DU SICHER?
GANZ SICHER!
DU MEINST, DU WÄREST GLÜCKLICH, WENN NUR JEMAND SAGTE, DASS ER DICH LIEBT?

WILLST DU DAMIT SAGEN, DASS JEMAND IN DER LAGE WÄRE, DICH DURCH EINE SO EINFACHE SACHE GLÜCKLICH ZU MACHEN?
JA! GENAU DAS MEINE ICH!
ICH GLAUBE NICHT, DASS DAS ZUVIEL VERLANGT IST... DAS GLAUBE ICH WIRKLICH NICHT...
ABER BIST DU GANZ SICHER? DU WILLST NUR JEMANDEN HABEN, DER SAGT »ICH LIEBE DICH, CHARLIE BRAUN«...
...UND DANN BIST DU GLÜCKLICH?
UND DANN BIN ICH GLÜCKLICH!
ICH KANN ES NICHT!
SCHULZ

GLAUB AN MICH!
GLAUB AN MICH!
GLAUB AN MICH!
ICH BRINGE EINFACH NIEMANDEN DAZU, AN MICH ZU GLAUBEN!
SCHULZ

Geborgenheit

DU BRAUCHST VOR NICHTS ANGST ZU HABEN... DEINE MAMA UND DEIN PAPA SITZEN VORN, UND SIE SORGEN FÜR ALLES... SIE KÜMMERN SICH UM ALLE PROBLEME...
Tm Reg U S Pat Off —All rights reserved © 1972 by United Feature Syndicate Inc
DAS IST WIRKLICH HIMMLISCH!
ABER DAS BLEIBT NICHT SO! PLÖTZLICH BIST DU ERWACHSEN UND ES WIRD NIE WIEDER SO!
8-6
PLÖTZLICH IST ALLES VORBEI, UND DU WIRST NIE WIEDER AUF DEM RÜCKSITZ SCHLAFEN! NIE MEHR!
NIE MEHR?
GANZ SICHER NIE MEHR!!
HALT MEINE HAND GANZ FEST, CHUCK!!
SCHULZ

WARUM SIND WIR AUF DER WELT, CHARLIE BRAUN?
UM ANDERE GLÜCKLICH ZU MACHEN!
ICH GLAUBE NICHT, DASS ICH IRGENDWEN SEHR GLÜCKLICH MACHE
ALLERDINGS MACHT AUCH MICH NIEMAND SEHR GLÜCKLICH...
IRGENDWER TUT DA SEINE PFLICHT NICHT!!

CHARLIE BRAUN SAGT, WIR SEIEN AUF DER ERDE, UM ANDERE GLÜCKLICH ZU MACHEN!
SIND WIR DESHALB HIER?
DANN MUSS ICH MIR AB SOFORT ETWAS MEHR MÜHE GEBEN...
ICH MÖCHTE NICHT ZURÜCKGESCHICKT WERDEN!

ICH FRAGE NACH DEM *SINN DES LEBENS* UND BEKOMME KEINE ANTWORT
ICH WILL RICHTIGE UND EHRLICHE ANTWORT!
NICHT 'NE MENGE *MEINUNGEN,* SONDERN...
DARF'S AUCH 'NE *HYPOTHESE* SEIN?
DAS LEBEN IST EIN MYSTERIUM, *CHARLIE BRAUN.* ICH SUCHE DIE ANTWORT!
SEID NETT ZUEINANDER, *NICHT RAUCHEN,* LÄCHELT, *ESST MASSVOLL,* FAHRT VORSICHTIG, *GEHT PÜNKTLICH ZUR WAHL...*
VERMEIDET SONNENBRAND, *SCHICKT WEIHNACHTSPOST RECHTZEITIG,* LIEBE DEINEN NÄCHSTEN, *SEI HILFREICH UND GUT,* SCHAU VORWÄRTS...
HALT SCHÖN STILL, DAMIT ICH DIR FESTE EINS AUF DIE NASE KNALLEN KANN!

Der Sinn des Lebens

WENN DIE SONNE SCHEINT, KANNST DU IN DEINEM AUTO HERUMFAHREN UND BIST GLÜCKLICH... WENN ES REGNET, IST DIR DER TAG NICHT VERDORBEN, DANN KANNST DU SAGEN: "NUN GUT, DER REGEN WIRD DEN SEE AUFFÜLLEN!"
WAS GLAUBST DU, IST DER SINN DES LEBENS, SNOOPY?
SCHMATZ!
EIN KABRIOLETT UND EIN SEE... MIT DIR KOMM ICH NICHT KLAR, CHARLIE.
WENN DER SEE AUSTROCKNET, KANNST DU SAGEN: "NUN GUT, ES IST SCHÖNES WETTER, UM KABRIOLETT ZU FAHREN..."
SCHULZ

PUUH!

WAS IST LOS ?

DAS LEBEN MACHT KEINEN SPASS MEHR... ICH HAB'S SATT... ICH WAR NOCH NIE SO FERTIG...

IN EINER SOLCHEN STIMMUNG SOLLTEST DU AN DINGE DENKEN FUR DIE DU DANKBAR SEIN KANNST... MIT ANDEREN WORTEN, DENKE AN ALL DAS GUTE IN DEINEM LEBEN...

DER HAT VIELLEICHT HUMOR! ICH KÖNNTE DAS GUTE IN MEINEM LEBEN AN EINEM FINGER ABZÄHLEN! ICH HAB'S NIE GUT GEHABT UND WERDE ES AUCH NIE GUT HABEN!

ICH HABE NICHT HALB SOVIEL GLÜCK WIE DIE ANDEREN... NICHTS KLAPPT BEI MIR!
UND DU SPRICHST VOM GUTEN IN MEINEM LEBEN! DU SPRICHST VON DANKBARKEIT! WOFÜR SOLL **ICH** DANKBAR SEIN?
ZUMINDEST FÜR EINS! DU HAST EINEN KLEINEN BRUDER, DER DICH LIEBHAT...
BUÄÄH!
AB UND ZU SAGE ICH JA DOCH WAS RICHTIGES...
SCHULZ

WARUM KOMMT DER EINE ALS MENSCH – UND DER ANDERE ALS HUND ZUR WELT?
IST ES EINFACH ZUFALL, ODER WORAN LIEGT'S?
IRGENDWIE ERSCHEINT MIR DIE SACHE UNFAIR....
WARUM BIN GERADE ICH DER GLÜCKSPILZ?
SCHULZ

DU BIST SO SELBSTGEFÄLLIG!
DU MEINST, DIR GEHT'S GUT! DU MEINST, DU BIST KÖNIG, WEIL DU HIER DAS EINZIGE TIER BIST! PAH!
ICH WERDE DIR ETWAS SAGEN: ICH HOLE MIR EINE KATZE!

SCHAU, CHARLIE BRAUN... DU HAST OFT ANGST UND FURCHT... HABE ICH RECHT?
DESHALB BRAUCHST DU WIE ICH EINE DECKE, DIE ALLE ANGST UND FURCHT AUFSAUGT!
ICH WEISS NICHT...
ICH GLAUBE, DIE MEISTEN PROBLEME DES LEBENS SIND ZU KOMPLIZIERT FÜR EIN SEELISCHES LÖSCHBLATT!!
SCHULZ

DU WIRKST SO DEPRIMIERT, *CHARLIE BRAUN*
ICH MACHE MIR SORGEN WEGEN DER SCHULE....
UND DANN MACHE ICH MIR SORGEN WEGEN DIESER SORGEN....
ICH HABE KUMMER IM QUADRAT...
SCHULZ

HIER IST ETWAS FÜR DICH, CHARLIE BRAUN!
DAS WIRD DIR EINE GROSSE HILFE SEIN... ICH HABE EINE LISTE VON ALL DEINEN FEHLERN GEMACHT!
ALS ICH ERST EINMAL ANFING, GAB ES KEIN ENDE!
SCHULZ

HIER... CHARLIE BRAUN... NOCH EINE LISTE FÜR DICH!
NOCH EINE LISTE ?!?!
DU HAST MIR DOCH ERST GESTERN ALL MEINE FEHLER AUFGESCHRIEBEN!
NUN... DIESES HIER SIND KEINE FEHLER... NEIN...
DIES SIND DEINE SCHWÄCHEN!
SCHULZ

ICH BIN SAUER!
ICH HASSE DIE GANZE WELT!

MIR DARF HEUTE NIEMAND IN DIE QUERE KOMMEN!

SIE DREHT MICH DURCH DEN WOLF...
ABER DER REIZ IST ZU GROSS...
SCHULZ

KAMPF! KAMPF!

LUZIE UND SNOOPY KÄMPFEN!
!

AU WEIA!

BLEIB STEH'N UND KÄMPFE WIE EIN MANN!!

SCHLAPP
SCHLAPP
SCHLAPP
SCHLAPP

ZISCH!

SCHLAPP
SCHLAPP
SCHLAPP
WAS FÜR EIN BLÖDER KAMPF-STIL IST DAS?!?
SCHULZ

STOP, IHR ZWEI! HÖRT SOFORT AUF ZU KÄMPFEN!
SCHLAPP
SCHLAPP
SCHLAPP
WER KÄMPFT ?!? ICH KAPITULIERE!
ICH HABE GESAGT, ICH GEB'S AUF! SCHLUSS! ICH KAPITULIERE!
ICH SAGTE, ICH KAPITULIERE!

SCHÄMT EUCH BEIDE!

ZANKT EUCH WIE ZWEI FLEGEL! WAS WAR LOS?
ER STAND MIR IM WEGE!

DAS SCHWERSTE VERBRECHEN...
SCHULZ

WENN ICH ACHTZEHN BIN, HAT DIE WELT PERFEKT ZU SEIN!
WARUM SOLL ICH IN EINER WELT LEBEN, DIE VON ANDEREN VERKORKST WURDE?!? ICH GEBE DENEN ZWÖLF JAHRE, UM ALLES IN ORDNUNG ZU BRINGEN!
UND WAS IST, WENN ES LÄNGER DAUERT?
DANN SAGE IHNEN, ES HAT KEINEN ZWECK, UM AUFSCHUB ZU BETTELN... MEINE ANTWORT IST "NEIN!"
SCHULZ

ICH HALTE DEN BALL, CHARLIE BRAUN, UND DU KOMMST ANGERANNT UND SCHIESST IHN WEG...

IMMER DER GLEICHE TRICK... IM LETZTEN MOMENT ZIEHT SIE DEN BALL WEG...
ABER DIESES MAL FALLE ICH NICHT DARAUF REIN... DIESES MAL BESTIMMT NICHT!

NA ?!
?

DU HAST GEGLAUBT, ICH ZIEHE DEN BALL WEG! ABER, CHARLIE BRAUN! ICH SCHÄME MICH FÜR DICH! ICH BIN SOGAR BELEIDIGT!
TRAUST DU DENN NIEMANDEM MEHR? BIST DU SO VOLLER MISSTRAUEN, DASS DU DIE FÄHIGKEIT VERLOREN HAST, ANDEREN MENSCHEN ZU GLAUBEN?

AUUU!

WHUMP!
IST ES NICHT BESSER, DEN MITMEN-SCHEN ZU VERTRAUEN, CHARLIE BRAUN?

KLOPF
KLOPF
IST HIER DAS ZANK-IN?
WAS GEHT'S DICH AN?!
HIER IST ES....
SCHULZ

SNOOPY, GEH NICHT ZU LUZIE...SIE MACHT EIN ZANK-IN!
SCHMATZ
SO KNACKT MAN EIN ZANK-IN!
SCHULZ

Der sterbende Freund

ALLERDINGS BIST DU MIR IMMER EIN GUTER NACHBAR GEWESEN... DU SIEHST NETT AUS MIT DEINEN KOHLENAUGEN UND DER MOHRRÜBENNASE...
ABER MAN KANN FREUNDSCHAFTEN NICHT EINFACH AUS DEM WEGE GEHEN...
SCHLIESSLICH KANN MAN SICH NICHT ABKAPSELN, NUR WEIL ES EINEM DAS HERZ BRECHEN KÖNNTE...
HUUUU!
SCHLUCHZ
ARMER SNOOPY... ER HAT WIEDER EINEN FREUND VERLOREN. ZU TRAURIG, ER IST SO SENSIBEL...
JA, SENSIBEL IST ER... ABER DIE MOHRRÜBE HAT ER TROTZDEM GEFRESSEN!
SCHULZ

HMMM...
WAS WÜRDEST DU MACHEN, WENN ICH DEINEN SCHNEEMANN UMSTOSSE?
NICHTS...WAS KÖNNTE **ICH** SCHON MACHEN?

DU BIST GRÖSSER UND STÄRKER ALS ICH... DU KANNST SCHNELLER LAUFEN... ICH KANN DICH ALSO NICHT DARAN HINDERN...
IN SOLCHEN DINGEN BIN ICH WIRKLICH AUF DEINE GNADE ANGEWIESEN... ICH KANN NUR HOFFEN, DASS DU ES NICHT TUST...
SO GANZ ALLMÄHLICH ENTWICKLE ICH MICH ZU EINEM EXPERTEN DER WEICHEN WELLE!
SCHULZ